Los cinco sentidos

Kate Harvey

Traducción al español: José María Obregón

Rosen REAL READERS en español

Rosen Classroom Books & Materials
New York

Todos los días usamos nuestros cinco sentidos.

Con los ojos, veo los colores.

Con los oídos, escucho el tambor.

Con la lengua, pruebo mi helado.

Con la nariz, huelo las flores.

Con las manos, toco el pelaje de mi gato.

Palabras que debes saber

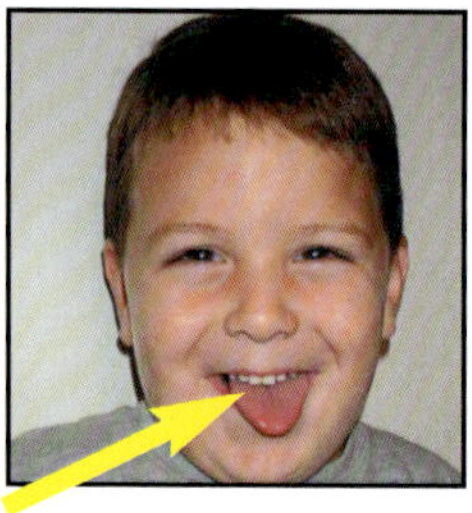

(la) lengua

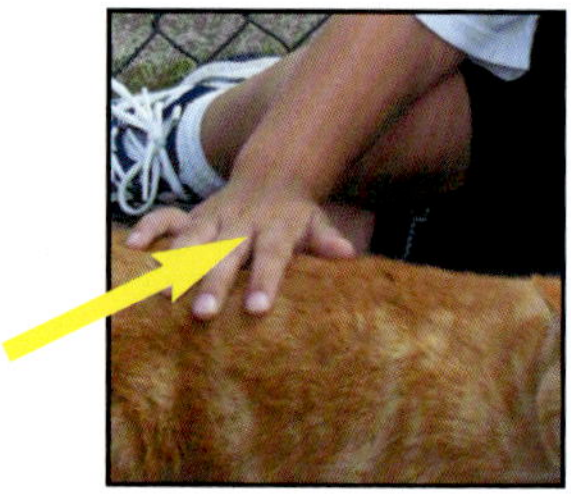

(la) mano

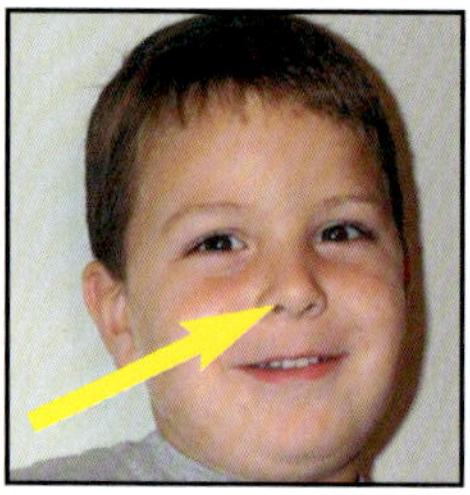

(la) nariz

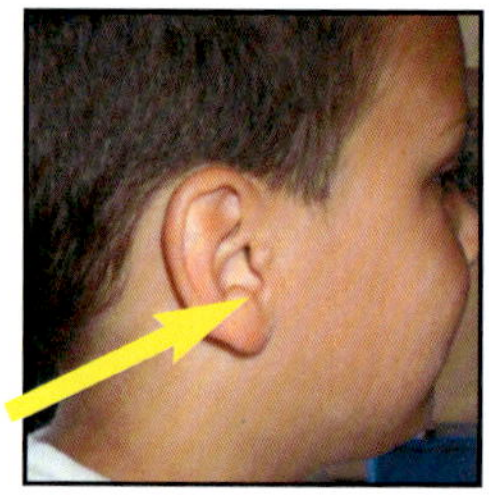

(el) oído

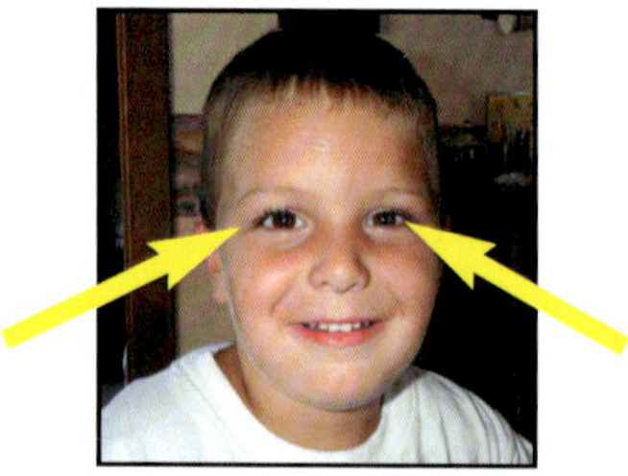

(los) ojos

oler